Couverture inférieure manquante

La Lumière sur le Sentier

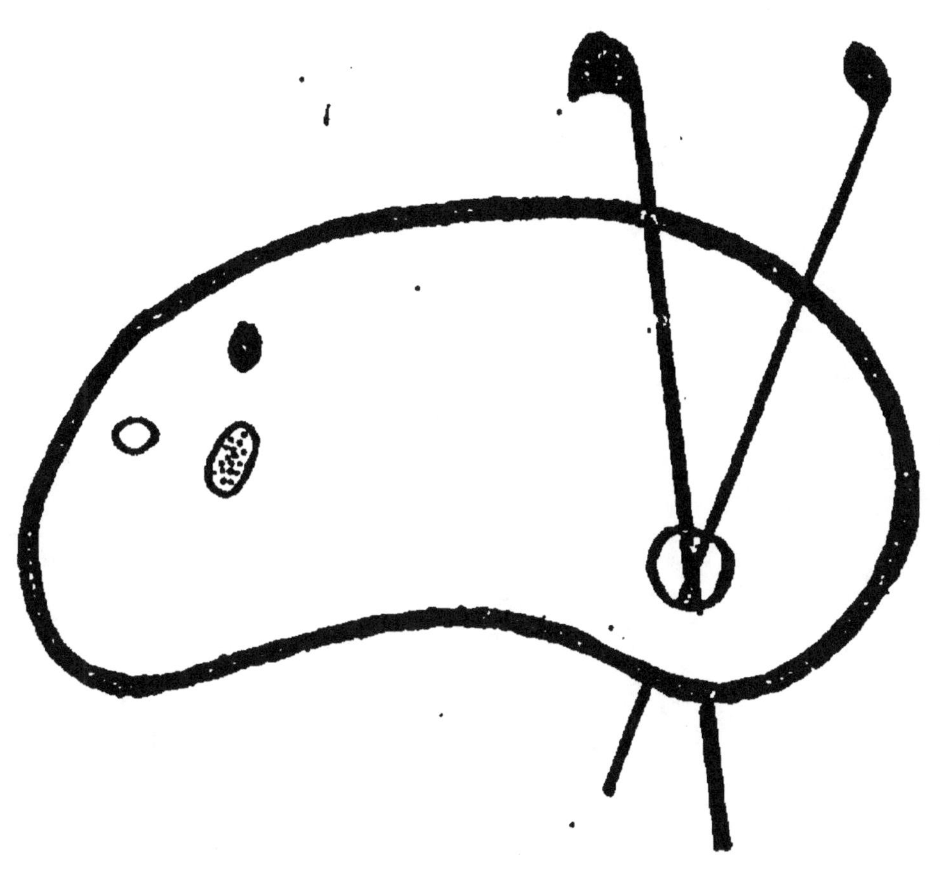

La Lumière sur le Sentier

Traité écrit à l'intention de ceux qui ne connaissent pas la Sagesse orientale et désirent en recevoir l'influence.

Transcrit par MABEL COLLINS

TRADUIT DE L'ANGLAIS PAR A. B.

Troisième édition

PARIS
PUBLICATIONS THÉOSOPHIQUES
10, RUE SAINT-LAZARE, 10

1909

PRÉFACE

La première édition de la Lumière sur le Sentier *étant épuisée, nous présentons au public français une nouvelle traduction de cet admirable petit livre, dont l'étude a éclairé et fortifié tant de nos frères, et dont la lecture peut être bienfaisante à toute âme douée d'aspirations spirituelles.*

Mais ce n'est pas une lecture seule qui pourra jamais révéler toute la beauté, toute la profondeur de cet ouvrage. Nous conseillons au lecteur de le lire à mainte et mainte reprise; à chaque fois il fera de nouvelles découvertes ; il pénétrera des idées dont le sens réel lui avait échappé jusqu'alors ; et dans ces courts distiques, mines d'or inépuisables pour le chercheur, il sera surpris de découvrir des vérités profondes et saisissantes, sous une apparence parfois paradoxale.

Nous faisons remarquer que, dans le texte du livre, trois différents types de caractères ont été employés; ceci dans le but de distinguer les règles originales des deux séries d'explications qui y ont été ajoutées.

Le lecteur s'étonnera peut-être, en outre, de voir les règles numérotées, très souvent classées dans un ordre qui paraît singulier au premier abord ; on remarquera, par exemple, trois règles extrêmement brèves suivies par une quatrième plus longue. Une étude soigneuse démontrera que cette quatrième règle est continuellement en connexion avec les trois précédentes, et n'en est, en réalité, qu'une explication. Ces règles et leurs compléments doivent être étudiés simultanément.

En voici un exemple :

9. Ne désire que ce qui est en toi. (12) Car en toi se trouve la lumière du monde, l'unique lumière qui puisse être répandue sur le sentier. Si tu es incapable de la percevoir en toi-même, inutile de la chercher ailleurs.

10. Ne désire que ce qui est au delà de toi. (12) Elle est au delà de toi, parce qu'en la rejoignant tu t'es perdu toi-même.

11. Ne désire que ce qui est hors d'atteinte. (12) Elle est hors

d'atteinte parce qu'elle recule indéfiniment. Tu entreras dans la lumière, mais jamais tu ne toucheras la flamme.

Comme dans la première édition de ce petit volume, nous ajoutons quelques pages sur Karma, *dont l'inspiration est la même que celle de la* Lumière sur le Sentier.

LE TRADUCTEUR.

La Lumière sur le Sentier

I

Ces règles ont été écrites pour tous les disciples : suis-les.

Avant que les yeux puissent voir, ils doivent être devenus inaccessibles aux larmes. Avant que l'oreille puisse entendre, elle doit avoir perdu sa sensitivité. Avant que la voix puisse parler en la présence des Maîtres, elle doit avoir perdu le pouvoir de blesser. Avant que l'âme puisse se tenir debout en la présence des Maîtres, ses pieds doivent être lavés dans le sang du cœur.

1. Tue l'ambition.

2. Tue le désir de vivre.

3. Tue le désir du bien-être.

4. Travaille comme travaillent ceux qui sont ambitieux. Respecte la vie comme ceux qui la désirent. Sois heureux comme le sont ceux qui vivent pour le bonheur.

Cherche en ton cœur la racine du mal et détruis-la. Elle vit, féconde, dans le cœur du disciple dévoué comme dans le cœur de l'homme de désir. Seul, le fort peut la détruire. Le faible doit attendre sa croissance, son épanouissement, sa mort. Et c'est une plante qui vit et se développe à travers les âges. Elle fleurit lorsque l'homme a accumulé sur sa tête des existences innombrables. Celui qui veut entrer dans le sentier du pouvoir doit arracher cette chose de son cœur. Le cœur alors saignera, et la vie de l'homme semblera entièrement dissoute. Cette épreuve doit être subie; elle peut se présenter dès le premier échelon de l'échelle périlleuse qui mène au sentier de vie; elle peut tarder jusqu'au dernier. Mais souviens-toi, ô disciple, qu'elle doit être subie, et concentre sur cette tâche toutes les énergies de ton âme. Ne vis ni dans le présent ni dans l'avenir, mais dans l'éternel. Cette ivraie géante ne peut y fleurir. Pour effacer cette souillure de l'existence, il suffit de la seule atmosphère de l'éternelle Pensée.

Note : L'ambition est le premier de nos maux : le grand tentateur de l'homme qui s'élève au-dessus de ses semblables. C'est, dans sa forme la plus simple, la recherche d'une récompense. Constamment elle détourne de leurs fins plus hautes des hommes d'intelligence et de valeur. Et cependant elle est un instructeur nécessaire. Ses résultats se transforment, dans la bouche, en poussière et en cendre. Ainsi que la mort et la désunion, elle montre finalement à l'homme que travailler pour soi, c'est aller au devant d'un désappointement.

Mais bien que cette première règle semble si simple et si facile, ne passe pas trop vite à la suivante. Car les vices de l'homme ordinaire subissent une transformation subtile et réapparaissent sous une autre forme dans le cœur du disciple. Il est aisé de dire : « Je ne veux pas être ambitieux. » Il n'est pas aussi facile de dire : « Quand le Maître lira dans mon cœur, il le trouvera parfaitement pur. » L'artiste sincère, qui travaille pour l'amour de son art, est quelquefois plus franchement engagé dans le droit chemin que l'occultiste qui s'imagine n'avoir plus d'attachement pour soi, mais qui en réalité, n'a fait que reculer les limites de l'expérience et du désir, et reporter son intérêt sur les objets que lui offre l'horizon élargi de sa vie.

Le même principe s'applique aux deux autres règles, d'apparence également simples ; médite-les longuement et ne te laisse pas tromper par ton cœur. Car maintenant, au seuil, une erreur peut se réparer, mais si tu la gardes par devers toi, elle croîtra et portera ses fruits, à moins que tu ne la détruises au prix d'une souffrance cruelle.

5. Tue tout sentiment de séparativité.

Note : Ne t'imagine pas que tu puisses t'isoler du méchant ou de l'homme insensé. Ils sont *toi-même*, quoique à un moindre degré que ton ami ou que ton Maître. Mais si tu laisses grandir en toi l'idée que tu n'es pas solidaire d'une chose ou d'une personne quelconque, tu créeras, par ce fait, un karma qui te liera à cette chose ou à cette personne jusqu'au jour où ton âme aura reconnu qu'elle ne peut être isolée. Rappelle-toi que le péché et l'opprobre du monde sont ton péché et ton opprobre, car tu fais partie du monde. Ton karma est inextricablement tissé avec le grand Karma. Et avant que tu aies atteint la connaissance, il te faut avoir traversé tous les endroits, qu'ils soient impurs ou nets. Rappelle-toi donc que le vêtement souillé dont le contact te répugne peut t'avoir appartenu hier, peut t'appartenir demain. Et si tu t'en détournes avec dégoût, il t'enserrera d'autant plus étroitement, lorsqu'il sera jeté sur tes épaules. L'homme qui s'enorgueillit de sa vertu se prépare un lit de fange. Abstiens-toi parce qu'il est bon de t'abstenir, non pas afin de garder ta pureté personnelle.

6. Tue le désir de la sensation.

7. Tue la faim de la croissance.

8. Néanmoins reste seul et isolé parce que rien de ce qui a corps, rien de ce qui a conscience de la séparation, rien de ce qui est hors de l'Éternel ne peut venir à ton aide. Laisse-toi instruire par la sensation, et observe-la, parce qu'ainsi seulement tu peux débuter dans la science de la Soi-connaissance et poser ton pied sur le premier échelon de l'échelle. Croîs comme croît la fleur, inconsciente, mais ardemment dési-

reuse d'ouvrir son âme à l'atmosphère. C'est ainsi que tu dois hâter l'éclosion de ton âme à l'Éternel. Mais il faut que ce soit l'Éternel qui sollicite l'épanouissement de ta force et de ta beauté, et non le désir de croître, car, dans le premier cas, tu te développes dans toute la splendeur de ta pureté; dans l'autre, tu ne fais que t'endurcir par l'inévitable passion de ta stature personnelle.

9. Ne désire que ce qui est en toi.

10. Ne désire que ce qui est au delà de toi.

11. Ne désire que ce qui est hors d'atteinte.

12. Car en toi se trouve la lumière du monde, l'unique lumière qui puisse être répandue sur le sentier. Si tu es incapable de la percevoir en toi-même, inutile de la chercher ailleurs. Elle est

au delà de toi parce qu'en la rejoignant tu as perdu ton moi. Elle est hors d'atteinte parce qu'elle recule indéfiniment. Tu entreras dans la lumière, mais jamais tu ne toucheras la flamme.

13. Désire le pouvoir avec ardeur.

14. Désire la paix avec ferveur.

15. Désire les possessions pardessus toute chose.

16. Mais ces possessions-là doivent appartenir exclusivement à l'âme pure, et être, par conséquent, possédées d'une manière égale par toute âme pure. Elles ne seront donc la propriété spéciale du Tout qu'au jour où ce Tout ne fera qu'un. Convoite des possessions que l'âme pure puisse conserver, afin d'accumuler des richesses pour cet esprit collectif de vie, pour cette unité qui, seule, est ton Soi véritable. La paix que tu désireras est cette paix sacrée

que rien ne peut troubler, et dans laquelle l'âme croît comme la fleur sainte sur les lagunes silencieuses. Et ce pouvoir que le disciple doit convoiter est celui qui le fera paraître comme rien aux yeux des hommes.

17. Cherche la voie.

Note : Ces trois mots sembleront peut-être de bien petite importance pour former une règle à eux seuls. Le disciple dira : « Approfondirais-je toutes ces pensées si je ne cherchais pas la voie ? » Cependant ne passe pas trop rapidement. Arrête-toi, et réfléchis un moment. Est-ce bien la voie que tu désires ?... ou y aurait-il dans ta vision une vague perspective de grandes hauteurs à escalader, d'un grand avenir à réaliser ?... Prends garde. La voie doit être cherchée pour elle-même et non par égard à tes pieds qui la fouleront.

Il y a un rapport entre cette règle et la dix-septième de la seconde série. Lorsque après des siècles de luttes et de nombreuses victoires tu auras gagné la bataille finale et demandé le secret final, alors tu seras prêt à aller plus loin. Lorsque le secret final de cette grande leçon aura été révélé, c'est en lui que se découvrira le mystère du sentier nouveau — voie qui conduit au delà de toute expérience humaine, et qui est entièrement au-dessus de toute perception et de toute imagination humaine. A chacune de ces étapes il est nécessaire de s'arrêter longtemps et de bien réfléchir. A chacune de ces étapes, il est nécessaire de s'assurer que la voie a été choisie pour elle-même. La voie et la vérité se montrent d'abord. La vie vient ensuite.

18. Cherche la voie en te retirant à l'intérieur.

19. Cherche la voie en avançant hardiment au dehors.

20. Ne te contente pas de la chercher par une seule route. Il y a pour chaque tempérament un chemin particulier qui semble plus spécialement attrayant.

Mais la voie ne peut être trouvée au moyen de la dévotion seule, ni par la contemplation religieuse seule, ni par le progrès ardent, ni par l'observation studieuse de la vie. Aucune de ces routes ne peut, à elle seule, aider le disciple à franchir plus d'un échelon. Et tous les échelons sont nécessaires pour former l'échelle. Les vices de l'homme deviennent des échelons, un à un, à mesure qu'ils sont surmontés. Les vertus de l'homme, elles aussi, sont des échelons nécessaires et dont, en aucune manière, il ne peut se passer. Cependant, bien qu'elles créent une atmosphère favorable et un avenir heureux, elles sont sans utilité si elles existent seules. La nature entière de l'homme doit être sagement mise à profit par celui qui désire entrer dans la voie. Chaque homme est pour lui-même, d'une manière absolue, la voie, la vérité et la vie. Mais il n'est tout cela, effectivement, que lorsqu'il saisit son individualité tout entière, et que, par la force de sa volonté spirituelle éveillée, il reconnaît cette individualité comme étant non pas lui-même, mais cette chose qu'il a créée laborieusement pour son propre usage et au moyen de laquelle il se propose, à mesure que sa croissance développe lentement son intelligence, d'atteindre la vie qui se trouve au delà de l'individualité. Lorsqu'il sait que pour cette raison sa vie existe, cette vie séparée, étonnante et complexe, alors, en vérité, et alors seulement, il est sur la voie. — Cherche-la en te plongeant dans les profondeurs mystérieuses et glorieuses de ton être intérieur. Cherche-la en analysant toute expérience, en utilisant tes sens afin de comprendre la croissance et la signification de l'individualité ainsi que la beauté et l'obscurité de ces autres fragments divins qui peinent côte à côte avec toi et qui forment la race à laquelle tu appartiens.

Cherche-la par l'étude des lois de l'existence, des lois de la nature et des lois du surnaturel; et cherche-la par la soumission profonde de ton âme à l'étoile vacillante qui brûle à l'intérieur. Par degrés, à mesure que tu veilleras et que tu adoreras, sa lumière deviendra plus intense. Tu sauras alors que tu as trouvé le commencement de la voie. Et quand tu en auras atteint le terme, sa lumière deviendra soudainement la lumière infinie.

Note : Cherche-la en analysant toute expérience, et rappelle-toi qu'en te disant cela, je ne veux pas dire : « Cède aux séductions des sens afin de les connaître ». Tu peux agir ainsi avant de devenir un occultiste, mais non pas après. Lorsque tu as choisi le sentier et que tu y es entré, tu ne peux céder sans honte à ces séductions. Cependant il t'est permis de les éprouver sans horreur; tu peux les peser, les observer, les analyser, et attendre, avec une patience confiante, l'heure où elles ne t'affecteront plus. Mais ne condamne pas l'homme qui succombe ; tends-lui la main comme à un frère pèlerin dont les pieds sont alourdis par la fange. Rappelle-toi, ô disciple : que l'abîme peut être énorme entre l'homme vertueux et le pécheur, mais qu'il est plus énorme encore entre l'homme vertueux et celui qui est arrivé à la connaissance ;... il est sans limites entre l'homme vertueux et celui qui est au seuil de la Divinité. C'est pourquoi garde-toi de t'imaginer que tu ne fais plus partie de la masse.

Lorsque tu auras trouvé le commencement de la voie, l'étoile de ton âme fera voir sa lumière, et à sa clarté tu percevras combien grande est l'obscurité dans laquelle elle luit. L'intellect, le cœur, le cerveau, tout est obscurité, tout est ténèbres jusqu'à ce que la première grande bataille ait été gagnée. Ne sois point épouvanté ni terrifié à cette vue ; garde tes yeux fixés sur la petite lumière, et elle grandira. Mais que ces ténèbres en toi-même t'aident à comprendre la détresse de ceux qui n'ont vu aucune lumière, et dont les âmes vivent dans une nuit profonde. Ne les blâme pas. Ne te détourne pas d'eux, mais essaie de soulever un peu de ce lourd Karma du monde; donne ton aide aux quelques fortes mains qui empêchent les pouvoirs ténébreux d'obtenir une victoire complète. Tu entreras alors dans une association de joie, qui impose assurément un labeur terrible et de profondes tristesses, mais aussi une vive et toujours grandissante félicité.

21. Sois prêt à voir s'épanouir la fleur dans le silence qui suivra l'orage; pas avant.

Elle croîtra, elle s'élèvera, elle produira des branches et des feuilles et formera des bourgeons au sein même de la tempête et pendant toute la durée de la lutte. Mais sa fleur ne s'ouvrira pas avant que la personnalité entière de l'homme ne soit dissoute et détruite; pas avant qu'elle ne soit tenue, par le fragment divin qui l'a créée, comme un simple sujet d'épreuve et de grave expérience ; pas avant que la nature entière n'ait cédé au Soi supérieur et ne lui soit devenue soumise. Un calme alors surviendra, semblable à celui qui se répand sur les contrées tropicales après une pluie d'orage, calme où la nature opère avec une telle rapidité que son action devient visible. C'est ainsi que la paix descendra sur l'esprit harassé. Et dans le silence profond surviendra l'événement mystérieux qui fera connaître à l'âme qu'elle a trouvé la voie. Donne-lui le nom qu'il te plaira : c'est une voix qui parle là où il n'y a nul être pour parler ; — c'est un messager qui vient, messager sans forme ni substance ; — ou c'est encore la fleur de l'âme qui s'est ouverte. Il ne peut être décrit par aucune métaphore. Mais on peut aller à sa rencontre, le désirer, le chercher, alors même que la tourmente fait rage. Le silence peut durer un moment ou un millier d'années. Mais il prendra fin. Cependant tu emporteras sa force en toi. A mainte et mainte reprise la bataille doit être engagée et gagnée. Pour un intervalle seulement, la nature peut être tranquille.

Note : L'éclosion de la fleur est le moment glorieux où la perception s'éveille ; à sa suite viennent la confiance, la connaissance, la certitude. L'instant où l'âme demeure en suspens est un instant d'étonnement. La satisfaction lui succède. C'est le silence.

Sache, ô disciple, que ceux qui ont passé par le silence, qui ont éprouvé sa paix et retenu sa force, ceux-là souhaitent ardemment que tu y entres aussi. C'est pourquoi, lorsque le disciple est capable d'entrer dans le Temple de l'Enseignement, il y trouve toujours son Maître.

Les règles ci-dessus sont les premières qui sont écrites sur les murailles du Temple de l'Enseignement. Ceux qui demandent, recevront. Ceux qui désirent lire, liront. Ceux qui désirent apprendre, apprendront.

Note : Ceux qui demandent recevront. Mais la voix de l'homme ordinaire a beau demander sans cesse, elle n'est pas entendue. Car il ne demande qu'avec son intellect, et la voix de l'intellect n'est entendue que sur le plan où agit l'intellect. Aussi ai-je attendu que les vingt et une premières règles fussent dépassées avant de dire : Ceux qui demandent recevront.

Lire, dans le sens occulte du mot, c'est lire avec les yeux de l'esprit. Demander, c'est éprouver la faim intérieure, le besoin passionné des aspirations spirituelles. Être capable de lire signifie avoir obtenu, à un faible degré, le pouvoir de satisfaire cette faim. Lorsque le disciple est prêt à apprendre, alors il est accepté, reçu, reconnu. Il doit en être ainsi, car il a allumé sa lampe, laquelle ne peut être cachée. Mais il est impossible d'apprendre avant que la première grande bataille ait été gagnée.

L'intellect peut reconnaître la vérité, mais l'esprit ne peut la recevoir. Pour qui a traversé l'orage et trouvé la paix, il est désormais toujours possible d'apprendre, lors même que le disciple irrésolu fléchirait et quitterait le droit chemin. La voix du silence demeure en lui ; et même s'il abandonne totalement le sentier, un jour viendra où elle résonnera et le déchirera, séparant ses passions de ses possibilités divines. Alors, malgré la souffrance et les cris désespérés du soi inférieur abandonné, le disciple reprendra le sentier.

C'est pourquoi je dis : la paix soit avec vous. « Je vous donne ma paix » ne peut être dit que par le Maître aux disciples bien-aimés qui sont comme Lui-même. Il y en a même, parmi ceux qui ne connaissent point la Sagesse orientale, à qui ces mots peuvent être dits et répétés journellement d'une manière plus complète.

∆ Considère les trois vérités. Elles sont égales (1).

La paix soit avec vous.

△

(1) Les trois vérités mentionnées ici sont don-

nées au commencement du huitième chapitre de *The Idyll of the white Lotus* (Mabel Collins). En voici la traduction :

« L'âme de l'homme est immortelle, et son avenir est celui d'une chose dont le développement et la splendeur n'ont pas de limites.

« Le principe qui donne la vie habite en nous et hors de nous ; il ne meurt jamais, il est éternellement bienfaisant ; il ne peut être vu, ni entendu, ni senti, mais il est perçu par l'homme qui désire la perception.

« Chaque homme est à lui-même, absolument, son propre législateur, le dispensateur de sa gloire ou de son obscurité, l'arbitre de sa vie, de sa récompense, de son châtiment.

« Ces vérités, qui sont grandes comme la vie elle-même, sont aussi simples que l'esprit humain le plus simple. Fais-en la nourriture des affamés. » (N. D. T.)

DEUXIÈME PARTIE

II

Hors du silence qui est la paix, une voix sonore s'élèvera. Et cette voix dira : « Cela n'est pas assez ; tu as moissonné : maintenant il te faut semer. » Et sachant que cette voix est le silence même, tu obéiras.

Toi qui es à présent un disciple capable de te tenir de pied ferme, capable d'entendre, de voir et de parler ; toi qui as conquis le désir et atteint la connaissance du *Soi* ; toi qui as vu ton âme dans sa fleur et qui l'as reconnue et qui as entendu la voix du silence, — va dans le Temple de l'Enseignement et lis ce qui s'y trouve écrit pour toi.

Note : Être capable de se tenir de pied ferme veut dire avoir confiance ; être capable d'entendre, c'est avoir ouvert les porte de l'âme ; être capable de voir, c'est avoir acquis la faculté de percevoir ; être capable de parler, c'est avoir gagné le pouvoir d'aider les autres; avoir conquis le désir, c'est avoir appris à contrôler et à utiliser ta personnalité ; avoir atteint la Soi-connaissance, c'est t'être retiré dans l'intérieur de la forteresse, là d'où la personnalité de l'homme peut être jugée avec un esprit d'impartialité ; avoir vu son âme dans sa fleur, c'est avoir obtenu, en toi-même, une vision momentanée de sa transfiguration qui fera de toi, un jour, plus qu'un homme ; reconnaître, c'est accomplir la grande tâche de regarder en face la lumière étincelante, sans baisser les yeux et sans reculer d'épouvante, comme devant quelque fantôme effroyable. C'est ce qui arrive à quelques-uns, et la victoire est ainsi perdue au moment où elle allait être remportée. Entendre la voix du silence, c'est comprendre que la seule direction véritable vient de l'intérieur; entrer dans le Temple de l'Enseignement, c'est arriver à un état dans lequel le savoir devient possible. Tu trouveras alors bien des paroles écrites en lettres flamboyantes, et qui, pour toi, seront faciles à déchiffrer..., car lorsque le disciple est prêt, le Maître l'est également.

1. Tiens-toi à l'écart dans la bataille qui se prépare, et bien que tu combattes, ne sois pas toi-même le guerrier.

2. Cherche le guerrier et laisse-le combattre en toi.

3. Prends ses ordres pour la bataille et suis-les.

4. Obéis-lui, non comme s'il était un

général, mais comme s'il était toi-même et comme si ses paroles étaient l'expression de tes secrets désirs ; car il est toi-même, quoique infiniment plus fort et plus sage que toi. Cherche-le ; — autrement, dans la fièvre et dans l'agitation de la bataille, tu pourrais passer à côté de lui, et il ne te connaîtra pas, à moins que tu ne l'aies connu. Si ton cri vient frapper son oreille attentive, alors il combattra en toi et comblera le vide douloureux de ton âme. Et s'il en est ainsi, tu pourras traverser la bataille, infatigable et de sang-froid, restant à l'écart et le laissant combattre pour toi. Il te sera impossible, alors, de frapper un seul coup à faux. Mais si tu ne le cherches pas, si tu passes à côté de lui sans le voir, il n'y aura aucune sauvegarde pour toi. Ton cerveau se troublera, ton cœur palpitera incertain et dans la poussière du champ de bataille ta vue et tes sens faibliront et tu ne reconnaîtras plus tes amis de tes ennemis.

Il est toi-même ; et cependant tu es limité et sujet à l'erreur : lui est éternel et sûr. Il est l'éternelle vérité. Une fois qu'il aura pénétré en toi, devenant ton guerrier, jamais il ne t'abandonnera entièrement, et, au jour de la grande paix, il deviendra *un* avec toi.

5. Écoute le chant de la vie.

Note : Cherche-le, et écoute-le premièrement dans ton propre cœur. Tu commenceras peut-être par dire : « Il n'est pas là ; en le cherchant, je ne trouve que dissonances. » Cherche plus profondément. Si de nouveau tu es déçu, arrête-toi, puis cherche plus profondément encore. Il y a une mélodie naturelle, une source obscure dans tout cœur humain. Elle peut être recouverte, entièrement cachée et étouffée ; — mais elle s'y trouve. A la base même de ta nature, tu trouveras la foi, l'espérance et l'amour. Celui qui choisit le mal refuse de regarder en lui-même, et ferme l'oreille à la mélodie de son cœur, comme il ferme les yeux à la lumière de son âme. Il agit ainsi parce qu'il trouve plus commode de vivre au gré de ses désirs.

Mais au-dessous de toute vie passe le courant impétueux qui ne peut être arrêté; les grandes eaux sont là, en vérité. Découvre-les et tu percevras que *tout* en fait partie,... tout, jusqu'à la créature la plus misérable, quelque persistance qu'elle mette à s'aveugler volontairement sur ce point, et à revêtir un masque fantomatique d'horreur.

C'est dans ce sens que je te dis : Tous les êtres vivants parmi lesquels tu combats sont des fragments du Divin. Et si trompeuse est l'illusion dans laquelle tu vis, qu'il est difficile de deviner où tu commenceras à distinguer la douce voix dans le cœur des autres. Mais sache qu'elle est certainement en toi-même. C'est là qu'il te faut la chercher, et une fois que tu l'auras entendue, tu la reconnaîtras plus facilement à l'entour de toi.

6. Conserve en ta mémoire la mélodie que tu entends.

7. Apprends d'elle la leçon d'harmonie.

8. Tu peux te tenir debout, maintenant, ferme comme un roc au milieu de la tourmente, obéissant au guerrier qui est toi-même et qui est ton roi. Sans autre intérêt dans la bataille que de lui obéir, — ne te souciant point du résultat de la bataille, car une seule chose importe : c'est que le guerrier soit vainqueur, et tu sais qu'il ne peut être vaincu, — tiens-toi calme, attentif, et mets à profit l'entendement que tu as acquis par la douleur et par la destruction de la douleur. Seuls des fragments de la grande symphonie peuvent parvenir à ton oreille tandis que tu n'es encore qu'un homme. Mais si tu les entends, gardes-en fidèlement la

mémoire afin qu'aucun d'eux ne soit perdu pour toi, et tâche d'en apprendre la signification du mystère qui t'environne. Avec le temps, tu n'auras plus besoin d'un instructeur. Car de même que l'individu possède une voix, de même en possède une ce en quoi l'individu existe. La vie elle-même a le don de s'exprimer et n'est jamais silencieuse. Et son expression n'est point un cri — comme toi qui es sourd, pourrais le supposer. Elle est un chant. Apprends d'elle que tu fais toi-même partie de l'harmonie; apprends d'elle à obéir aux lois de l'harmonie.

9. Observe avec attention toute la vie qui t'environne.

10. Apprends à regarder avec intelligence dans le cœur des hommes.

Note : A un point de vue absolument impersonnel, autrement ta vision serait obscurcie. C'est pourquoi l'impersonnalité doit être prescrite en premier lieu.

L'intelligence est impartiale; aucun homme n'est ton ennemi, aucun homme n'est ton ami : tous sont également tes instructeurs. Ton ennemi devient pour toi un mystère qu'il te faut résoudre, même si cela demande des siècles, car l'homme doit être compris. Ton ami devient une partie de toi-même, une expansion de toi-même, une énigme difficile à déchiffrer. Une seule chose est plus difficile à connaître : ton propre cœur. Jusqu'à ce que les chaînes de ta personnalité se soient relâchées, tu ne pourras commencer à comprendre le profond mystère du Soi. Et pas avant que ces chaînes ne soient tombées, tu n'en pourras avoir la pleine révélation. Alors — et alors seulement — il te sera possible de la saisir et de la diriger. Alors — et alors seulement — tu pourras employer tous ses pouvoirs et les consacrer à un noble service.

11. Observe avec une attention suprême ton propre cœur.

12. Car ton cœur est la voie par où jaillira l'unique lumière capable d'illuminer la vie et de la rendre claire à tes yeux.

Étudie le cœur humain, afin de comprendre ce qu'est le monde dans lequel tu vis et dont tu veux faire consciemment partie. Considère la vie sans cesse mouvante et changeante qui t'environne ; car elle est constituée par les cœurs des hommes, et, à mesure que tu comprendras leur constitution et leur signification, tu deviendras capable, par degrés, de percevoir le sens le plus large de la vie.

13. La parole ne vient qu'avec la connaissance. Atteins la connaissance, et tu posséderas la parole.

Note : Il est impossible d'aider les autres tant que tu n'es pas arrivé à une certaine certitude personnelle. Quand tu auras appris les premières vingt et une règles, que tu seras entré dans le Temple de l'Enseignement avec des pouvoirs développés et l'entendement ouvert, alors tu trouveras en toi une source d'où jaillira la parole.

Après la treizième règle je ne puis rien ajouter à ce qui est déjà écrit.

Je te donne ma Paix.

Δ

Ces notes sont écrites uniquement pour ceux auxquels je donne ma paix ; pour ceux qui peuvent lire ce que j'ai écrit avec les sens internes aussi bien qu'avec les sens externes.

14. Ayant obtenu l'usage des sens internes, ayant conquis l'usage des sens externes, ayant vaincu les désirs de l'âme individuelle et ayant atteint la connaissance, prépare-toi maintenant, ô disciple, à entrer réellement dans la voie. Le sentier est trouvé : soit prêt à le suivre.

15. Demande à la terre, à l'air et à l'eau les secrets qu'ils gardent pour toi.

16. Demande aux Saints de la terre les secrets qu'ils détiennent pour toi.

17. Demande au plus intime de ton être, à l'Unique, le secret final qu'il conserve pour toi à travers les âges.

La grande, la pénible victoire, la conquête des désirs de l'âme individuelle est un travail qui exige, pour son accomplissement, des siècles sans nombre ; c'est pourquoi ne t'attends pas à obtenir sa récompense avant que des âges d'expérience se soient accumulés derrière toi. Lorsque le temps d'apprendre la dix-septième règle est arrivé, l'homme est sur le point de devenir plus qu'un homme.

18. La connaissance qui maintenant est tienne, l'est uniquement parce que ton âme s'est identifiée avec toutes les âmes pures et avec l'Être le plus intime en toi. C'est un dépôt qui t'est confié par le Très-Haut. Si tu trahis sa confiance, si tu emploies à tort cette connaissance ou si tu la négliges, il te sera possible, même à présent, de retomber des hautes régions auxquelles tu as atteint. De grands êtres, parvenus jusqu'au seuil même, retombent, incapables de soutenir le poids de leurs responsabilités. C'est pourquoi pense toujours avec crainte et en tremblant à ce moment solennel,... et sois prêt pour la bataille.

19. Il est écrit qu'aucune loi ne peut être formulée, qu'aucun guide ne peut exister pour celui qui se trouve au seuil

de la divinité. Cependant, afin d'éclairer le disciple, la lutte finale peut être exprimée ainsi.

Attache-toi fermement à ce qui n'a ni substance, ni existence.

20. Écoute uniquement la voix qui n'a pas de son.

21. Fixe ton regard exclusivement sur ce qui est invisible aux sens internes comme aux sens externes.

LA PAIX SOIT AVEC TOI

A

KARMA

Considère avec moi l'existence individuelle comme une corde qui s'étend de l'infini à l'infini, qui n'a ni fin ni commencement, et n'est pas susceptible d'être rompue. Cette corde est formée par d'innombrables fils d'une extrême finesse et qui, étroitement juxtaposés, en constituent l'épaisseur. Ces fils n'ont point de couleur et sont parfaitement droits, résistants et lisses. La corde subit d'étranges accidents en passant par toute sorte d'endroits, ainsi que cela a lieu. Très souvent, un fil se prend et demeure accroché, à moins qu'il ne soit violemment arraché de sa voie naturelle. Pour un long temps alors, il se trouve hors de place, et, par conséquent, tout l'ensemble des fils est en désordre. Parfois aussi l'un d'entre eux est souillé de boue ou taché de couleur; et non seulement la souillure s'étend au delà du point de contact, mais elle atteint encore d'autre fils. Or rappelle-toi que ces fils sont vivants; qu'ils sont semblables à des fils électriques, ou mieux encore à des nerfs qui vibrent. A quelle distance, par conséquent, la souillure, la désorganisation peuvent être communiquées! Mais il arrive à la fin que ces longs cordons, ces fils vivants qui forment l'individu dans leur continuité ininterrompue, passent de l'ombre à la lumière. Les fils, alors, ne sont plus incolores, mais dorés ; une fois de plus, ils sont réunis et lisses ; une fois de plus, l'harmonie est rétablie entre eux ; et par cette harmonie intérieure, l'harmonie plus grande est perçue.

Cet exemple ne présente qu'une petite portion, un côté unique de la vérité ; ce n'en est pas même un fragment. Cependant que ton esprit s'y arrête, car par son aide tu seras amené à comprendre davantage. Ce qu'il est premièrement nécessaire de saisir est le fait que l'avenir n'est pas arbitrairement constitué par aucun des actes isolés du présent ; mais que l'ensemble de l'avenir se trouve dans une continuité suivie avec le présent, tout comme le présent se rapporte au passé! Sur un plan et à un point de vue l'exemple de la corde est correct.

L'on dit qu'un peu d'attention prêté à l'occultisme produit de grands résultats karmiques. Ceci a lieu parce qu'il est impossible de donner quelque attention à l'occultisme sans faire un choix défini entre ce que l'on appelle familièrement le bien et le mal. Le premier pas en occultisme amène l'étudiant devant l'arbre de la connaissance. Il faut qu'il cueille et qu'il mange, il faut qu'il fasse son choix. Il ne peut plus éprouver l'indécision due à l'ignorance. Il s'avance, que ce soit sur le sentier du bien ou sur celui du mal. Et le fait de s'avancer résolument et en connaissance de cause, ne fût-ce que d'un pas, sur l'un ou l'autre de ces sentiers, ce fait seul produit de grands résultats karmiques. La masse des hommes cheminent, hésitants, incertains de ce but auquel ils tendent. Leur formule d'existence est vague, par conséquent leur Karma opère d'une manière indistincte. Mais une fois que le seuil de la connaissance est franchi, la confusion commence à diminuer, et, en raison de ce fait, les résultats karmiques en sont augmentés énormément, parce qu'ils agissent tous dans la même direction sur les différents plans. L'occultiste ne peut avoir le cœur partagé ; il ne peut revenir en arrière lorsqu'il a franchi le seuil. Cette chose est tout aussi impossible que le fait d'un homme qui redeviendrait enfant. En raison de sa croissance, l'individualité s'est approchée de l'état de responsabilité ; dès lors, elle ne peut plus reculer.

Celui qui veut être délivré des entraves du Karma doit hausser son individualité, et la faire passer de l'ombre à la lumière. Il lui faut élever son existence de manière à ce que ces fils ne viennent point au contact de substances qui souillent ; qu'ils ne demeurent point accrochés, risquant ainsi d'être tordus. L'occultiste s'élève simplement au-dessus de la région où le Karma opère. Il ne quitte pas, pour cela, l'existence qu'il expérimente. Le sol peut être rude et malpropre, ou couvert de riches fleurs dont le pollen tache, et de douces choses qui s'attachent à lui et deviennent des liens;... mais là-haut, il y a toujours le grand ciel. Celui qui désire être sans Karma doit chercher sa demeure dans l'air, et ensuite dans l'éther. Celui qui désire se constituer un bon Karma sera sujet à bien des confusions; et dans ses efforts de semer de la riche graine pour sa propre moisson, il se peut qu'il plante des milliers de mauvaises herbes, et parmi celles-ci l'ivraie géante. Ne désire point semer des graines pour ta propre moisson : désire semer uniquement cette graine dont le fruit nourrira le monde. Tu es une partie du monde; en lui donnant la nourriture, tu te nourris toi-même. Et cependant, sous cette pensée même, se cache un grand danger ; ce danger se dresse et fait face au disciple qui longtemps a cru travailler pour le bien, tandis qu'au plus profond de son âme il n'a fait qu'apercevoir le mal ; c'est-à-dire qu'il s'est imaginé travailler pour le plus grand bénéfice de l'humanité alors que tout ce temps, inconsciemment, il nourrissait en lui la pensée de Karma, et qu'en réalité le bénéfice pour lequel il travaillait était pour lui et non pour les autres.

Un homme peut s'interdire la pensée de la récompense. Mais il prouve, par ce seul refus, qu'il désirait une récompense. Et il est inutile au disciple de s'efforcer d'apprendre par des moyens de contrainte. Il faut que l'âme soit sans entraves, que les désirs soient libres. Mais avant que ceux-ci soient fixés uniquement dans cet état où il n'y a plus ni récompense ni châtiment, ni bien ni mal, c'est en vain que le disciple redouble d'efforts. Il peut sembler faire un grand progrès: mais quelque jour il se trouvera face à face avec sa propre âme et reconnaîtra qu'en arrivant à l'arbre de la connaissance il avait choisi le fruit amer et non celui de saveur douce. Le voile alors tombera entièrement et le disciple abandonnera sa liberté pour devenir l'esclave du désir. C'est pourquoi, prends garde, toi qui tournes vers la vie de l'occultisme. Apprends, dès maintenant, qu'il n'y a pas de remède au désir, pas de remède à l'amour de la récompense, pas de remède au mal de convoiter, sinon de fixer les regards et l'ouïe sur ce qui est invisible et inaudible. Commence dès maintenant à mettre ces choses en pratique et par là des milliers de serpents seront écartés de ton sentier. *Vis dans l'éternel.*

Les opérations des lois actuelles du

Karma ne doivent point être étudiées par le disciple avant que celui-ci soit arrivé au point où ces lois ne peuvent plus l'affecter. L'Initié a le droit de demander les secrets de la nature, et de connaître les lois qui gouvernent la vie humaine. Il a conquis ce droit par le fait même de s'être affranchi des limites de la nature, de s'être libéré des règles qui gouvernent la vie de l'homme. Il est devenu un fragment reconnu de l'élément divin et n'est plus affecté par ce qui est passager. Il obtient alors la connaissance des lois qui gouvernent les conditions temporaires. C'est pourquoi, toi qui désires comprendre les lois du Karma, tente premièrement de te libérer de ces lois; et tu ne pourras y arriver qu'en fixant ton attention sur ce que ces lois n'affectent pas.

RENSEIGNEMENTS

La Société théosophique est un organisme composé d'étudiants appartenant, ou non, à l'une quelconque des religions ayant cours dans le monde. Tous ses membres ont approuvé, en y entrant, les trois buts qui font son objet ; tous sont unis par le même désir de supprimer les haines de religion, de grouper les hommes de bonne volonté, quelles que soient leurs opinions, d'étudier les vérités enfouies dans l'obscurité des dogmes, et de faire part du résultat de leurs recherches à tous ceux que ces questions peuvent intéresser.

Leur solidarité n'est pas le fruit d'une croyance aveugle mais d'une commune aspiration vers la vérité qu'ils considèrent, non comme un dogme imposé par l'autorité, mais comme la récompense de l'effort, de la pureté de la vie et du dévouement à un haut idéal. Ils pensent que la foi doit naître de l'étude ou de l'intuition, qu'elle doit s'appuyer sur la raison et non sur la parole de qui que ce soit.

Ils étendent la tolérance à tous, même aux intolérants, estimant que cette vertu est une chose que l'on doit à chacun et non un privilège que l'on peut accorder au petit nombre. Ils ne veulent point punir l'ignorance, mais la détruire. Ils considèrent les religions diverses comme des expressions incomplètes de la Divine Sagesse et, au lieu de les condamner, ils les étudient.

Leur devise est Paix ; leur bannière, Vérité.

La Théosophie peut être définie comme l'ensemble des vérités qui forment la base de toutes les religions. Elle prouve que nulle de ces vérités ne peut être revendiquée comme propriété exclusive d'une Église. Elle offre une philosophie qui rend la vie compréhensible et démontre que la justice et l'amour guident l'évolution du monde. Elle envisage la mort à son véritable point de vue, comme un incident périodique dans une existence sans fin et présente ainsi la vie sous un aspect éminemment grandiose. Elle vient, en réalité, rendre au monde l'antique science perdue, la *Science de l'Ame*, et apprend à l'homme que l'âme c'est lui-même, tandis que le mental et le corps physique ne sont que ses instruments et ses serviteurs. Elle éclaire les Écritures sacrées de toutes les religions, en révèle le sens caché, et les justifie aux yeux de la raison comme à ceux de l'intuition.

Tous les membres de la Société théosophique étudient ces vérités, et ceux d'entre eux qui veulent devenir Théosophes, au sens véritable du mot, s'efforcent de les vivre.

Toute personne désireuse d'acquérir le savoir, de pratiquer la tolérance et d'atteindre à un haut idéal, est accueillie avec joie comme membre de la Société théosophique.

SIÈGE DE LA SOCIÉTÉ THÉOSOPHIQUE DE FRANCE

59, *avenue de La Bourdonnais, Paris.*

Buts de la Société.

1° Former un noyau de fraternité dans l'humanité, sans distinction de sexe, de race, de rang ou de croyance.

2° Encourager l'étude des religions comparées, de la philosophie et de la science.

3° Étudier les lois inexpliquées de la nature et les pouvoirs latents dans l'homme.

L'adhésion au premier de ces buts est seule exigée de ceux qui veulent faire partie de la Société.

Pour tous renseignements s'adresser, selon le pays où l'on réside, à l'un ou l'autre des secrétaires généraux des Sections diverses de la Société dont voici les adresses :

France : 59, avenue de la Bourdonnais, Paris 7e.
Grande-Bretagne : 106, New Bond street, Londres W.
Pays-Bas : 76, Amsteldjik, Amsterdam.
Italie : 1, Corso Dogali, Gênes.
Scandinavie : 7, Engelbrechtsgatan, Stockholm.
Indes : Theosophical Society, Bénarès, N. W. P.
Australie : 37, Spring street, Sydney, N. S. W.
Nouvelle-Zélande : His Majesty's Arcade Queen street, Auckland.
Allemagne : 17, Motzstrasse, Berlin, W.
États-Unis : 103, State street, Chicago.

Amérique centrale : Apartado 365, La Havane, Cuba.
Hongrie : Rökk Szillard ut. 39, Budapest.
Finlande : Pekka Ervast, Aggelby.
Russie : Kabinets Kaya, 7, Saint-Pétersbourg.

ÉTUDE GRADUÉE

de l'Enseignement Théosophique.

EXTRAIT DU CATALOGUE

Ouvrages élémentaires.

ANNIE BESANT. — La Théosophie et son œuvre dans le monde. . o 20
— La Nécessité de la Réincarnation. o 20
C. W. LEADBEATER. — Une Esquisse de la Théosophie . . . 1 25
DOCTEUR TH. PASCAL. — A. B. C. de la Théosophie . . . . . . o 50

— La Théosophie en quelques chapitres 0 50

AIMÉE BLECH. — A ceux qui souffrent. . . . . 1 »

Ouvrages d'instruction générale.

J. C. CHATTERJI. — La Philosophie ésotérique de l'Inde. 1 50

ANNIE BESANT. — La Sagesse antique. . . . . 5 »

A. P. SINNETT. — Le Bouddhisme ésotérique 3 50

— Le Développement de l'âme. . 5 »

R. A. — L'Histoire de l'Ame . . 2 50

Ouvrages d'instruction spéciale.

ANNIE BESANT. — La Mort et l'Au-delà 1 50

— La Réincarnation . . . . . 1 »

— Le Karma . . . . 1 »

— Évolution de la Vie et de la Forme 2 50

— Le Pouvoir de la Pensée. . . 1 50

— Des Religions de l'Inde . . . 4 »

C. W. LEADBEATER. — Le Plan astral 1 50
— Le Plan mental. 1 50
— Le Credo chrétien 1 50
DOCTEUR TH. PASCAL. — Essai de l'Évolution humaine 3 50
H. P. BLAVATSKY. — Doctrine secrète (4 volumes parus). Chaque volume . . . . 8 »

Ouvrages d'ordre éthique.

ANNIE BESANT. — Vers le Temple. 2 »
— Le Sentier du Disciple . . . . 2 »
— Les Trois Sentiers . . . . . . 1 »
H. P. BLAVATSKY. — La Voix du Silence . . . . 1 »
— La Doctrine du Cœur, relié. . 1 50
— La Lumière sur le Sentier, relié. 1 50
— La Bhagavad Gitâ 2 50
— Neuf Upanishads . . . . 2 »
— Sur le Seuil, relié 2 50

Revue Théosophique : Le *Lotus Bleu*, le numéro 1 franc. ABONNEMENT : France, 10 fr.; Étranger, 12 fr.

Annales Théosophiques : trimestrielles, le numéro 1 fr. 50. ABONNEMENT : France, 6 fr. ; Étranger, 6 fr. 60.

PUBLICATIONS THÉOSOPHIQUES

10, *rue Saint-Lazare, Paris.*

CONFÉRENCES ET COURS

SALLE DE LECTURE — BIBLIOTHÈQUE
RÉUNIONS

Au Siège de la Société : 59, avenue de La Bourdonnais.

Le Siège de la Société est ouvert tous les jours de la semaine de 3 à 6 heures. Prière de s'y adresser pour tous renseignements.

2343. — Tours, Imprimerie E. ARRAULT et Cie.

www.ingramcontent.com/pod-product-compliance
Lightning Source LLC
LaVergne TN
LVHW010622110826
845149LV00003B/1016

* 9 7 8 2 0 1 2 8 2 7 8 4 4 *